Las investigaciones muestran que la exposición continua a estímulos tecnológicos (incluidos los móviles) alteran peligrosamente los niveles de dopamina en nuestros niños, provocando adicciones muy similares a las de los narcóticos, ya desde muy temprana edad.

Chicken

Dog

Cat

Horse

Lion

Hippopotamus

Rhino

Cow

Elephant

Frog

Pig

Sheep

Duck

Rabbit

Bear

Turtle

Fish

Crab

Monkey

Giraffe

Dolphin

Seal

Penguin

Bee

bird

Parrot

Zebra

Owl

Octopus

Swan

Snail

Beaver

Bull

Fox

Mammoth

Camel

Kangaroo

Ostrich

Worm

Ladybug

Alligator - Cocodrilo